BABI SUKA SWAFOTO

TEXT BY JIRO H. SITUMORANG AND TERRY WALTZ
ILLUSTRATIONS BY TERRY WALTZ

Squid For Brains
Albany, NY

Babi suka swafoto!

Text by Terry T. Waltz and Jiro H. Situmorang
Illustrations by Terry T. Waltz

ISBN-13: 978-1-946626-27-1

Babi sangat suka swafoto.

Swafoto di rumahnya.

Juga swafoto di kebun binatang.

Swafoto di kamar kecil.

Swafoto sendiri.

Juga swafoto bersama temannya.
Sangat suka swafoto!

Suatu hari, Babi mau swafoto di Menara Eiffel.

Di Paris, Babi pergi ke Menara Eiffel. Sangat tinggi dan sangat cantik!

Babi mau swafoto di menara yang cantik.

Tapi, saat sedang swafoto...

...polisi Prancis datang!
"Ini bukan rumahmu!
Di Menara Eiffel tidak boleh swafoto!"

Babi sangat sedih!

Babi berada di rumahnya. "Saya mau swafoto bersama Sphinx!"
Jadi dia pergi ke Sphinx.

Di Giza, Babi melihat Sphinx. Tidak cantik! Babi mau swafoto bersama Sphinx yang tidak cantik.

Tapi saat sedang swafoto...

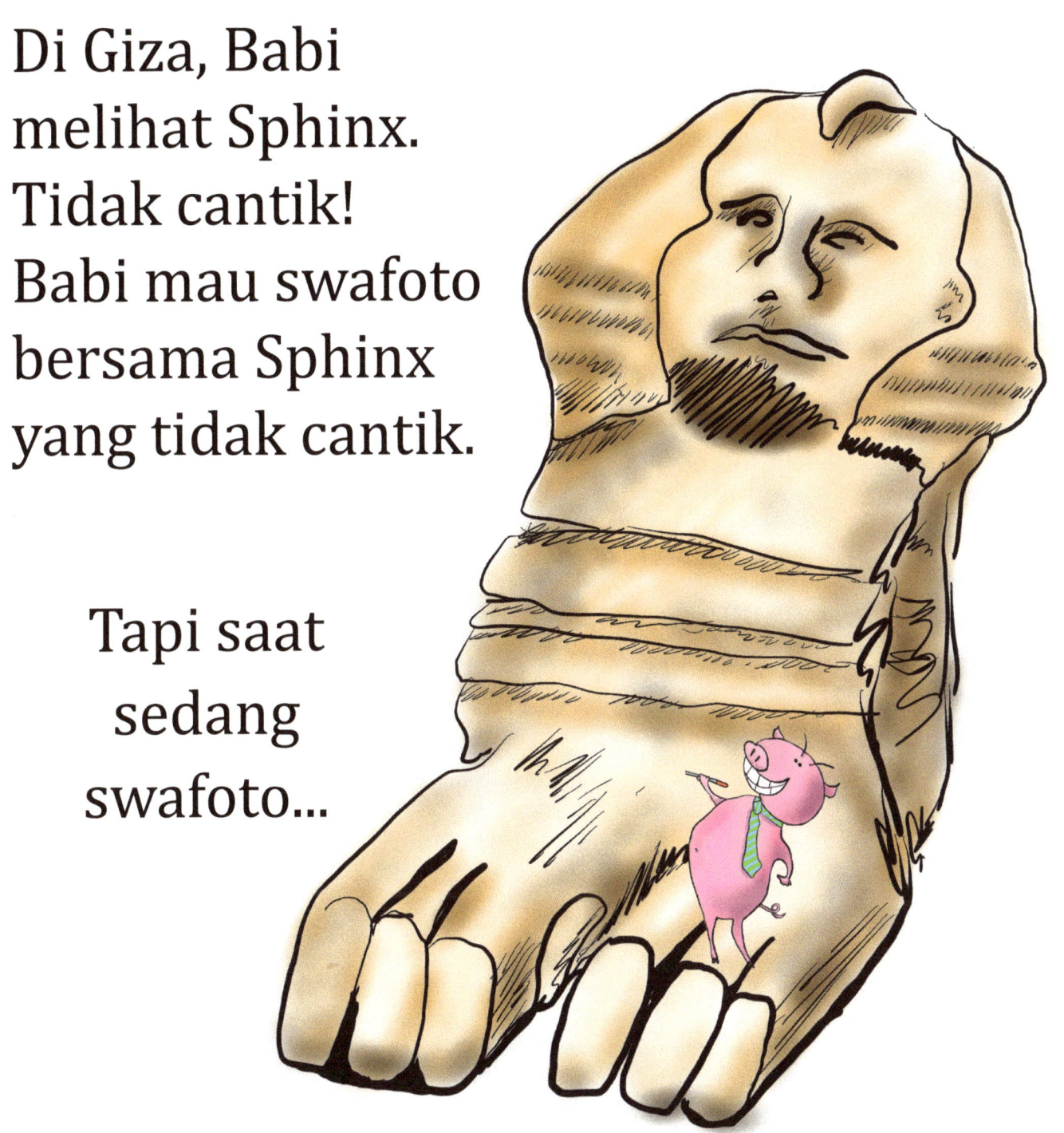

...polisi datang!

Dan polisi sangat marah!

"Ini bukan rumahmu! Ini Giza. Di Giza tidak boleh swafoto!"

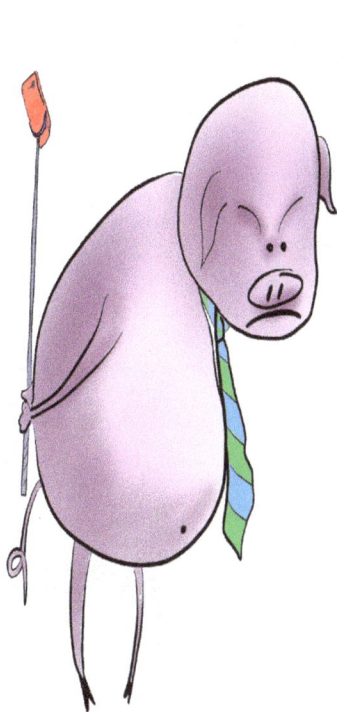

Babi sangat sedih.

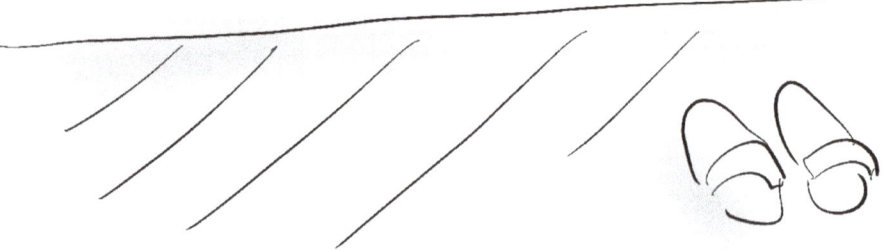

Babi berada di rumanya.

"Saya mau swafoto di Taj Mahal."
Karena itu Babi pergi ke Agra.

Di Agra, Babi melihat Taj Mahal. Sangat cantik! Babi mau swafoto di Taj Mahal, karena Taj Mahal sangat cantik!

Tapi saat sedang swafoto di Taj Mahal...

...polisi Agra datang!

Dan polisi Agra sangat marah!

"Ini Taj Mahal! Di Taj Majal tidak boleh swafoto!"

Babi mengatakan kepada polisi:
"Tapi Taj Mahal sangat cantik!"

Polisi mengatakan kepada Babi:
"Ya, sangat cantik. Tapi di Taj Mahal
TIDAK BOLEH SWAFOTO!!"

"Polisi Agra sangat tampan... apakah boleh swafoto bersama kalian?"

"Oke! Terima kasih!"

Glossary

apakah: is it the case that...?
babi: pig
bersama: with
boleh: allowed
cantik: beautiful
datang: arrived
di rumanya: at his home
dia: he
juga: also
kalian: you (plural)
karena itu: so...
kebun binatang: zoo
marah: angry
mau: wants
melihat: look at
menara: tower
mengatakan kepada: says to
oke: okay

pergi: goes
polisi: police
rumah kecil: bathroom
rumahmu: your house
saat: at the time when...
sangat: very, really
saya: I, me
sedih: sad
sendiri: alone
suka: likes
swafoto: take a selfie
tampan: handsome
tapi: but
tetapi: but
teman: friend
terima kasih: thank you
tidak: not
yang: one that is...

www.ingramcontent.com/pod-product-compliance
Lightning Source LLC
Chambersburg PA
CBHW051252110526
44588CB00025B/2961